ENFOQUES

DEL AMOR COMPULSIVO

**

"APASIONADAMENTE"
EL LENGUAJE
DE LAS MUJERES
QUE AMAN DEMASIADO

**

CERCANDO EMMA
DACIA MARAINI
Y EL BOVARISMO

A.Emma Sopeña Balordi

ÍNDICE

Cercando Emma.

Dacia Maraini y el bovarismo

PRÓLOGO

El libro que presento consta de dos ensayos respondiendo a un interés común: la entrega amorosa desmedida, la pasión, el amor compulsivo y la dependencia emocional que provocan tales sentimientos.

El primero de ellos, *"Apasionadamente"*. *El lenguaje de las mujeres que aman demasiado*, parte del libro de Robin Norwood *Cartas de las mujeres que aman demasiado*[1], escrito a raíz de la correspondencia que esta psicoterapeuta mantuvo con las lectoras de su libro *Las mujeres que aman demasiado*[2]. Junto a los testimonios que aporta este texto incluyo otros recogidos a lo largo de conversaciones que he mantenido con mujeres de

---

[1] NORWOOD, R. (1988) *Cartas de las mujeres que aman demasiado*. Buenos Aires: Vergara.
[2] NORWOOD, R. (2000 [1985]) *Las mujeres que aman demasiado*. Barcelona: Punto de lectura.

distintas edades y condiciones profesionales y sociales en los últimos años. Voces de mujeres que han vivido y sufrido los destrozos emocionales de una pasión mal vivida.

El segundo ensayo, *"Cercando Emma"*, *Dacia Maraini y el bovarismo*, se adentra en la obra de esta escritora[3] con el objetivo de desmenuzar la tragedia de la dependencia amorosa que el personaje de Flaubert, Emma Bovary[4], sufre a lo largo de su corta vida, y que termina en el terrible drama del suicidio.

Dos trabajos con un hilo conductor: la dependencia emocional, consecuencia de la pasión amorosa como pulsión - que impele, aún sin quererlo, hacia lo que se necesita - y como búsqueda voluntaria del objeto amado. Y la pasión, en su esencia, es siempre carencia, búsqueda insatisfecha y, por lo tanto, lleva en sí misma el germen de la insatisfacción. Y este hecho explica la debilidad de la persona atada a un amor desmedido y su dependencia del ser amado. Y también la alienación, la renuncia del yo, porque la

---

[3] MARAINI, D. (2005) [1996]. *Cercando Emma*. Milano: Biblioteca Universale Rizzoli.
[4] *Madame Bovary*. Gustave Flaubert. (1857)

pasión es absorbente y monopolizadora.

¿Qué factores confluyen para que las personas caigan en ese estado de enajenación?

Creo que encontrarse en una situación límite o, por lo menos, desilusionadas en su vida personal y con carencias que desearían colmar. Otras circunstancias que fomentan la caída en tal estado son la clandestinidad, el riesgo, el morbo, y ello supone la atracción del peligro, la sensación novelesca, la huida de la cotidianidad, de la vulgaridad de la vida de los protagonistas. La necesidad de vivir la alteridad, la fusión con el otro, el sexo exacerbadamente creativo, la entrega ilimitada y la posesión al mismo tiempo.

Vivir una pasión no es solo enamorarse - si no es enamorarse perdidamente -, porque quien está enamorado apasionadamente está perdido, lo sabe y no sale indemne. El esplendor de la pasión no conoce límites ni razones, no es precavido y ahí radica su belleza, osada e inconsciente.

Si se dan algunas de las circunstancias mencionadas, no hay muchas posibilidades de que la pasión se reconvierta en un amor estable, generoso y razonable. La pasión es inestable, egoísta e irrazonable. Es descontrol, apego ansioso, pérdida de la responsabilidad y del respeto que cada uno debe tener consigo mismo. Parece que estemos hablando de un estado poco beneficioso. En efecto, no lo es. Y ese es su misterio, porque a sabiendas de que se está viviendo una situación límite, que el desenlace y las consecuencias serán dañinas - se ven venir -, no se quiere salir, por lo menos al principio, cuando la magnitud de la fruición supera con creces la intensidad del sufrimiento. La pasión es adictiva. Se sabe que, después, el gozo de la vida no será ni remotamente parecido, que se están bebiendo las últimas gotas del néctar reservado a los elegidos. Se reconoce el esplendor y se sabe que, tras él, vendrán las sombras, los tropezones y las caídas, la amputación de la emoción, la culpa, el abandono, el aislamiento, la incomprensión, el duelo. Más tarde habrá que reiniciar la vida cotidiana, sin sobresaltos, sin palpitaciones, sin exuberancia, y someterse y resignarse a salir de la novela. Arrancarse el corazón y buscar un motivo para seguir viviendo. Tabaco, alcohol, sustancias, juego … el presidio de la dependencia es multiforme. Se olvida, al hablar de adicciones, que existen otros sometimientos, otras subordinaciones, otros enganches. Tantos como flaquezas tiene el ser humano. Hablamos con demasiada indulgencia de las beldades del amor. No reparamos en la destrucción que el amor mal entendido, mal vivido, puede causar. La soledad, la desesperación de una vida infeliz prepara el terreno para sucumbir al caos de un amor crispado y desahuciado. Precisamente, saber que se está condenada a la muerte emocional hace que la persona inmersa en la pasión se aferre más a la subsistencia del amor. Es tragedia y desdicha que transgrede los más elementales principios del auto-respeto y del amor propio. Todo vale con tal de no perder lo que de antemano está perdido. El pánico a la incertidumbre, carecer de expectativas y de asideros empuja al vacío de la dependencia. Se necesita tiempo, mucho tiempo, disciplina cognitiva y, sobre todo, comprender que, como para muchos, una sola calada, un sorbo, una esnifada o una moneda en una máquina supone la vuelta al penal, un mensaje significa la red que, implacablemente, apresa.

Se puede, desde la serenidad, entender que hay que combatir los pensamientos irracionales, tremendistas, catastrofistas, que la autoinculpación es la consecuencia de un desajuste en la visión objetiva de los acontecimientos, que hay que elevar nuestro nivel de tolerancia a la frustración y evitar las inferencias arbitrarias, los razonamientos emotivos, las explicaciones tendenciosas, las polarizaciones extremistas ... Puede conseguirse cuando ya no se está sumido en la desesperación, cuando se puede ser independiente y capaz de combatir los miedos difusos que invaden la mente. Pero cuando no se ve un asidero y se camina por una cuerda floja y fina, el mundo se torna insufrible.

Para Emma Bovary no hay horizonte, todo es

abismo.

Para algunas mujeres que han amado demasiado cuyos comentarios hemos analizado ha sido posible.

Aunque ocurra tarde, es una experiencia fortalecedora entender poco a poco el funcionamiento erróneo de la percepción de los acontecimientos y los propios, comprender que no solo se puede rectificar el presente y prevenir un futuro equivocado, sino también cambiar la visión que se tiene de los eventos pasados, con el fin de dejar de zaherirse uno mismo y de que esa visión errónea no siga amargando el presente y condicionando el futuro.

"APASIONADAMENTE", EL LENGUAJE DE LAS MUJERES QUE AMAN DEMASIADO

> *Llamamos amor a la sensación*
> *de tener un nudo en el estómago.*
> (Norwood, 2004: 3 de marzo)
> *Amar demasiado (...) significa medir nuestro amor*
> *por la profundidad de nuestro tormento.*
> (Norwood, 2000: 22)

1. Amar compulsivamente. Fundamento de la dependencia emocional

Nuestro estudio ha tenido como punto de partida el libro de Robin Norwood *Cartas de las mujeres que aman demasiado*, escrito a raíz de la correspondencia que esta psicoterapeuta mantuvo con las lectoras de su libro *Las mujeres que aman demasiado*.

(1) Al igual que *Las mujeres* ...[5] , - nos dice Norwood en la introducción a *Cartas* ...[6] - está escrito principalmente para las mujeres heterosexuales que son adictas a las relaciones. Su propósito es ayudar a aquellas mujeres cuya vida escapa cada vez más a su control debido a una obsesión progresivamente debilitante con un hombre en especial o con el último de una serie de hombres o, en caso de estar fuera de una relación, con la búsqueda de un hombre. (Norwood, 1988: 21)

Junto a los testimonios que aporta este texto incluiremos otros recogidos a lo largo de

---

[5] NORWOOD, R. (2000 [1985]) *Las mujeres que aman demasiado*. Barcelona: Punto de lectura.
[6] NORWOOD, R. (1988) *Cartas de las mujeres que aman demasiado*. Buenos Aires: Vergara.

13

conversaciones mantenidas con mujeres de distintas edades y condiciones profesionales y sociales en los últimos años.

En nuestro trabajo estudiaremos por lo tanto el lenguaje de la dependencia emocional de mujeres heterosexuales. De ninguna manera debe entenderse que creamos que este tipo de dependencia es exclusivo de las mujeres – aunque la literatura sobre el tema demuestra que el porcentaje es mucho mayor en las mujeres que en los hombres – pero puesto que en la experiencia afectiva de muchas mujeres se encuentra este tipo de adicción, estudiarlo desde la perspectiva femenina es la opción que podemos elegir con más seguridad de comprender los motivos que impulsan a este comportamiento.

El problema se presenta, en efecto, en hombres y en mujeres, pero es más frecuente en estas últimas pues, por lo general, todavía hoy – no vamos a esconderlo - se las educa como seres dependientes, incapaces de valerse por sí mismas en muchos aspectos de la vida diaria. Se las educa en función de las relaciones afectivas en las que el vínculo lo es todo. Se les estimula la parte concerniente al hogar y al cuidado de los hijos, y se les inculcan temores e inseguridades: se les ofrece la dependencia como forma de vida.

(2)"Te necesito para cumplir mi sueño" y "Me has decepcionado mucho". Ahora veo las manipulaciones de esos hombres. (Me cuesta admitir las mías.) (Norwood: 1988: 63)

(3)El significaba lo que siempre había imaginado que sería el gran amor; me costó comprender que no era un hombre sino la idea de ese hombre lo que buscaba y forzaba las circunstancias para crearlo.

Mientras tanto, a los hombres se los impulsa a ser más independientes, a tener éxito profesional, a tener el control, a dominar y a saber arreglárselas fuera del hogar. Cuando tienen carencias tienden a suplirlas sobre todo a través del trabajo, del deporte y de los amigos, aunque no busquen la intimidad con ellos.

Las mujeres, por el contrario, tienden a aferrarse a su pareja. Por consiguiente, la mujer es más propensa a presentar adicción a las relaciones, es más afectiva por naturaleza, necesita mucho más la seguridad de una relación; pero ello no quiere decir que no haya casos igualmente disfuncionales en cuanto a las relaciones afectivas en los hombres.

La práctica de unos hábitos culturales diferentes para los varones y las mujeres deteriora la aptitud de éstas para el amor, puesto que se les fomenta la dependencia afectiva, a tal grado que muchas mujeres lo que en el fondo de ellas mismas desean y ambicionan en la vida es ser amadas. Por lo tanto, las mujeres configuradas por esta cultura están dispuestas a hacer cualquier cosa para lograr que alguien las ame según los patrones que han aprendido, y la concepción del amor que se han forjado. Y no pueden tener nunca suficiente, siempre piden más amor y dedicación ("quiéreme como yo te quiero a ti", demanda). Tratan de controlar esa dedicación y la manipulan porque la vida de su pareja les "pertenece" por llegar a considerarla "su" propia vida, y tratan de convertir a esa persona en su amor "perfecto", el que satisfaga todas sus necesidades y llene el pozo sin fondo de un amor insaciable. Intentan evitar que se aleje, quieren que no cambie o que cambie según sus propias necesidades y tienden a crear dependencias hacia ellas en los demás.

(4)Creo que a menudo – dice una de las cartas - la sociedad, la familia y los amigos alientan a quienes, como yo, estamos descritas en tu libro, a continuar nuestro ciclo. (Norwood, 1988: 64)

La influencia de cierto tipo de literatura amorosa es patente en los discursos de estas personas. Hay que rendirse a la evidencia de que los medios de comunicación de masas predisponen a la mujer hacia este tipo de tiranía sentimental; baste recordar, por ejemplo, las letras de las canciones más conocidas.

(5)(...) me venían a la mente, de mis situaciones

con los hombres, frases tales como: "Te necesito para cumplir mi sueño". (...) Creo que a menudo la sociedad, la familia y los amigos alientan a quienes, como yo, estamos descritas en tu libro, a continuar nuestro ciclo."
(Norwood, 1988: 63-64)

2. Rasgos personales de la amante compulsiva y el cognitivismo

El deseo de control que caracteriza a las personas dependientes afectivamente – y del que hablaremos a continuación – puede proceder de unos rasgos de carácter que propician este comportamiento: necesidad de seguridad y predicibilidad, perfeccionismo, baja tolerancia a la frustración, pensamiento dicotómico, humor cambiante provocado por el grado de dominio o no de la situación, expectativas poco realistas de las relaciones, inestabilidad emocional, temperamentalidad, tendencia a la autodestrucción y la autoinculpación. No todas las personas sujetas a la dependencia emocional presentan los mismos rasgos, pero sí es frecuente que demuestren con sus comportamientos verbales y no verbales varios de ellos.

Es fácil encontrar en boca de las amantes compulsivas enunciados que ponen en evidencia esa necesidad vital de tener el amor seguro, a buen recaudo, en el presente y en el futuro.

(6)No estoy segura de él, a veces parece que no está concentrado en nosotros, no me da la seguridad que necesito.

(7)Estábamos de maravilla, pero luego todo se hundió, estaba ausente, me quedé deprimida para todo el día.

(8)Cada vez estoy más convencida de que todo es culpa mía, no he sabido convencerle de mi amor.

La corriente cognitiva en psicología creó, ya desde los años 50, un tipo de terapia que se conocería como TREC (*Terapia Racional Emotiva Conductual*); posteriormente, en la década siguiente, surgió la TC (*Terapia Cognitiva*). Estas corrientes se basan en la idea fundamental de que las emociones y las conductas tienen su origen en procesos cognitivos, aunque la biología de los seres también afecte a sus emociones y conductas. Pues bien, la mayoría de las creencias que propician conductas disfuncionales son automáticas, una especie de normas subyacentes de cómo debe ser la vida y el mundo, creencias que contribuyen significativamente a los trastornos emocionales. El filtro establecido previamente será muy resistente al cambio y hará que la conducta sea hasta cierto punto predecible en su razonamiento emocional. Las evaluaciones de las situaciones se muestran irracionales por presentar demandas extremas hacia los demás y hacia uno mismo (las cosas / las personas deben ser de una manera determinada por las necesidades absolutas que se sienten), por ser tremendistas y por valorar a los seres (y a sí mismos) de manera globalizante por medio de las conductas. Estas evaluaciones se basan, como hemos visto, en creencias de necesidades imperiosas de amor, demostraciones de valía, dependencias y búsqueda de soluciones milagrosas.

Nuestro interés por estas inclinaciones cognitivas y actitudes nos ha llevado a recopilar ejemplos de conductas verbales en lo que al amor compulsivo se refiere:

(9)No tiene derecho a comportarse así conmigo. Sabe que le necesito y no puede dejarme plantada en momentos tan difíciles para mí.

(10)Es un egoísta, el otro día no me quiso acompañar con el grupo que habíamos quedado porque le caen mal, siempre hace lo mismo.

(11)- Yo siempre le demuestro que estoy por él, aprovecho cualquier ocasión para ello y en justa compensación debería hacer lo mismo conmigo.

2.1 El control del otro

Norwood, que se confiesa adicta a las relaciones, dependencia que le llevó a profundizar en el tema y que dio como fruto los libros que analizamos, comenta respecto a la necesidad de cambiar a la pareja:

(12)(...) las adictas a las relaciones somos personas muy peligrosas, porque necesitamos a otra persona que sea nuestro proyecto, nuestro centro de atención, nuestra razón de ser, nuestra distracción de nosotros mismos. La gran atracción que sentimos por la inadecuación o la dependencia de los demás nos lleva a idealizar románticamente la adicción en lugar de verla como la enfermedad que es. (...) Realmente podemos llegar a sabotear el desarrollo de autorrespeto y el crecimiento de los demás cuando asumimos demasiada responsabilidad por causarlo o prestamos demasiada atención a su desarrollo. (Norwood, 1988: 61)

Carentes de la autoestima suficiente para sentirse valiosas por sí mismas, por ser como y quienes son, se lanzan en busca de esa fuente de autoestima en alguien que les demuestre su valía. Pero ese alguien tiene que demostrárselo una y otra vez, porque, de algún modo, perciben la fragilidad de esa identidad prestada, tal vez conscientes de que le han dado a la otra persona el poder necesario para apoderarse de su identidad. Entonces sienten miedo, rabia, resentimiento, emociones y sentimientos inmediatamente reprimidos. Se ven a sí mismas como personas altruistas y abnegadas, dedicadas a su pareja, a través de la cual definen su propia identidad, siempre con el miedo de ser abandonadas si no son lo suficientemente necesarias.

(14)- Con él me puedo realizar como mujer, me siento plena a su lado.

Dar amor para recibirlo se convierte en la fuerza impulsora de la vida de estas personas. Lamentablemente, al no dar resultado el esfuerzo se redobla.

(15)Me siento tan mal, no puedo vivir así, sé que si no arreglamos la situación me sentiré angustiada, de pensarlo sólo no lo puedo soportar.

La cultura en la que nos movemos impulsa a la búsqueda de soluciones rápidas y externas, en general no propicia la autonomía, y en lo que a los sentimientos se refiere se tiende a la búsqueda de la protección frente a la soledad y el dolor mediante fuentes externas en vez de internas. El amor se disfraza de utilidad y esta necesidad de ser útil esconde una necesidad de *control*:

(16)"Estaba enamorada de una idea, pero él no lo hacía recíproco ni validaba mi amor y mi entrega." (Norwood, 1988: 79)

(17)No es que lo necesite; sólo quiero que él me necesite a mí. (Norwood, 1988: 80)

(18)Cuando nos convertimos en pareja, no comprendí que él necesitaba espacio. (Norwood, 1988: 186)

La necesidad de centrar el proyecto personal en la

alteridad es tan intenso que sabotea el libre desarrollo del otro en una idealización de la adicción. Es, evidentemente, una conducta compulsiva que, en ocasiones, se une a otras (comida, trabajo, compras, etc.). En el fondo de estos comportamientos se encuentra el rechazo de uno mismo, disimulado mediante actividades exacerbadas.

2.2. El reto del otro

Uno de los supuestos de este tipo de personas dependientes es que una sola persona tiene que ser capaz de satisfacer toda la atención que necesita. Como apunta Norwood, "El error está en insistir en que un pozo en particular le proporcione la cantidad total." (Norwood, 1988: 76) Autosatisfacer las propias necesidades supone la renuncia a la obstinación en una persona.

El *reto* también está muchas veces presente en este comportamiento:

(19)¿Por qué me atrajeron esos dos hombres

que eran tan distintos? (...) Falta de accesibilidad verdadera. Ambos eran distantes: uno, con sus intereses ajenos al hogar, y el otro, con su obsesión consigo mismo; con ambos yo ocupaba un lugar secundario."
(Norwood, 1988: 69)

2.3. La buena samaritana

En muchas ocasiones, esas personas se sienten atraídas por otras que establecen también relaciones disfuncionales. Como si tuvieran un radar detector de gente con problemas, se enamoran de quien no les conviene, seres a quienes poder "salvar", porque para la persona codependiente no es suficiente sentirse amada: tiene que sentirse también necesitada.

La esencia de las cartas del libro de Norwood queda descrita en la siguiente frase de una de ellas:

(20)Antes creía que era imposible amar demasiado, y siempre pensaba que tenía que dar más y más amor (...)Tengo un amigo que siempre (...) me describe como una "benefactora sufriente" [7]. (Norwood: 1988: 46)

La persona codependiente justifica la exigencia de *control* de su pareja por una necesidad de la ayuda que ella le puede ofrecer, cuando en realidad lo que ocurre es que con ese comportamiento olvida sus propios problemas no resueltos. La urgencia del otro es, en realidad, la necesidad de que dependan de ella, por ello busca personas con problemas precisamente de dependencia. No cree que alguien la pueda querer por sí misma, por lo cual basa su relación en una dependencia mutua. Se crea una paradoja: parece que las personas a las que atiende dependen de ella, cuando en realidad es al revés. Son los codependientes los que experimentan esa dependencia de los demás. Precisan sentirse necesarios para los demás.

(21)El ha pasado de su alcoholismo activo a una adicción activa al trabajo, y yo he

---

[7] Las comillas son de la autora de la carta.

reaccionado con la furia, la violencia y los esfuerzos por dominar que se describen en *Las mujeres* ... (Norwood: 1988: 52)

El comentario de la propia reacción de esta mujer pone en evidencia la frustración que siente por ya no ser necesaria. Dice Norwood:

(22)Ese impulso, esa necesidad apremiante de hacer algo (de efectuar un cambio en otra persona) constituye uno de los elementos más destructivos de la coadicción. (Norwood, 1988: 55)

En muchos casos está presente la trampa de la invitación del otro a entregar su libre albedrío, la petición de ayuda para manejar la propia vida. Pero en ambos casos no es más que una evasión de la responsabilidad por uno mismo.

3. Amor adictivo

La obsesión de la que nos habla Norwood va a

traducirse comportamentalmente en un intento de dominación del otro con el fin de "salvar" una situación en progresivo deterioro. El adicto a una relación utiliza a su pareja como una droga, como una obsesión, con el resultado ya conocido de una gran ansiedad y mucho dolor.

Lamentablemente, la similitud de esta clase de dependencia afectiva con la adicción a sustancias es considerable. La dependencia sentimental es una clase de drogadicción que impulsa a una búsqueda urgente de alivio, a una necesidad de controlar la provisión (saber dónde está, con quién, qué hace, etc.). Los mecanismos para abastecerse producen en la persona dependiente unos comportamientos inadecuados para la propia autoestima, porque el espanto que produce el pensamiento de que puede acabarse el abastecimiento, la fuente de alivio, conduce a actitudes de manipulación y dominación, (auto)imposición que no pueden tener otra consecuencia que el descrédito personal. El razonamiento que sustenta esta actitud es que si se da tanto "amor", el otro debe corresponder exactamente de la misma manera. Curiosamente, al igual que ocurre con la adicción a substancias, ni siquiera cuando la persona dependiente sustenta el control del otro se siente satisfecha, puesto que el temor a perder ese control no le permite relajarse, necesita saber que lo tendrá en el futuro. La fuente ya no proporciona alivio, se está presa de la adicción.

(23)Los días en que estamos separados después de una riña me quedo tan destrozada que ni siquiera puedo trabajar. No salgo con nadie, me encierro en casa por si me llama, al final termino llamándolo yo.

Así pues, la persona codependiente está convencida de que no puede vivir sin su pareja, se funde con ella hasta el punto de llegar a perder su propia identidad y vive para ella en vez de vivir su propia vida. Piensa que lo que siente es un amor inmenso, pero en realidad es adicción. No es consciente de que darlo todo por la otra persona supone una negación de uno mismo y de los propios deseos y necesidades. La codependiente se deja a sí misma completamente de lado para anteponer siempre a su pareja. Esta represión de los auténticos sentimientos se transforma en una necesidad de sentir a través de su pareja y nunca tiene suficiente, pide más amor y más dedicación: exige, controla y manipula. Sus reacciones pueden ser también irascibles, porque se siente ofendida con gran facilidad ante la menor crítica, su valía como persona está en juego cada vez que alguien, sea quien sea, la juzga.

4. El perfeccionismo y el control

Las mujeres que aman demasiado suelen tener rasgos de *perfeccionismo,* buscan compulsivamente que todo esté perfecto. Un ejemplo de esta necesidad se aprecia en este fragmento de una carta:

(24)Me gradué en la universidad con un promedio casi perfecto, y recuerdo que pensé en lo orgullosos que habrían estado mis padres si tan sólo no hubiese tenido esa nota que me impedía alcanzar la máxima calificación. De alguna manera estaba segura de que había decepcionado a todos. (Norwood, 1988: 40)

Esta mujer no pudo controlar esa nota que impidió alcanzar la perfección. Su reacción fue seguir intentando controlar lo incontrolable; a los maridos y a los hombres con los que mantenía relaciones sentimentales:

(25)Todos estos hombres necesitaban "arreglos", y he llevado esta costumbre de tratar de "arreglar" a los demás también a mi carrera (...). Trabajo con adolescentes que tienen alteraciones emocionales severas (...) ¿Qué mejor profesión para una "arregladora" [8] compulsiva? (Norwood: 1988: 38-39)

Las relaciones están más cercanas al sueño que de a la realidad de la situación concreta en intentos de convertir al otro en el ser que se desea; para ello dedican sus energías al cambio de las conductas y de

---

[8] Las comillas son de la autora de la carta.

los sentimientos mediante manipulaciones desesperadas.

(27)Era un hombre muy obstinado. Juré que algún día ganaría una discusión con él. (...) ¿Sabe qué hice una vez? Lo obligué a decirme que me quería y a darme un abrazo. (...) Jamás lo habría hecho si no lo hubiera obligado. Pero me quería. Sólo que no podría demostrármelo. (Norwood, 2000: 27)

(28)Me esforzaba mucho. Quiero decir, realmente lo amaba y estaba decidida a lograr que él también me amara. Yo sería la esposa perfecta. Cocinaba y limpiaba como loca, y al mismo tiempo trataba de ir a las clases. (...) Yo estaba tan segura de que podía hacer que todo funcionara bien si tan sólo me esforzaba lo suficiente. (Norwood, 2000: 30)

El pilar que sustenta este comportamiento es que si se hace todo lo posible, el otro se convertirá en todo lo que esa persona necesita que sea.

5. La sobreprotección

La otra vertiente del control es la sobreprotección. La siguiente carta pone en evidencia dicha actitud:

(29)Ahora puedo verlo todo y entiendo por qué elegí a esos dos hombres. Los dos carecían de muchas cosas y, en mi opinión, necesitaban alguien como yo para que los cuidara. (Norwood, 1988: 45)

La sobreprotección le conduce a arrastrar al otro hacia lo que ella considera adecuado para él:

(30)Pensaba que podía lograr que ese hombre llegara a ser algo y, por supuesto, ambos sufrimos con mis esfuerzos (...) No había manera de que eso sucediera. Mi marido nunca sería lo suficientemente bueno (...) Carecía de preparación para esa tarea y no podía convertirse en una versión masculina de mí. (Norwood, 1988: 45)

(31)De más está decir que prácticamente lo aplasté con mi intensidad. (Norwood, 1988: 186)

6. El apego ansioso

La persona que ama de forma obsesiva suele ser insegura, con baja autoestima y siente que no será valorada si no se entrega en cuerpo y alma, por eso es posesiva y busca controlar, es lo que viene a denominarse el *apego ansioso*.

Obcecarse en iniciar o mantener una relación en la que la otra parte no se implica es una característica de las mujeres adictas a las relaciones.

(32)El no enviar esa tarjeta parece una pequeñez, pero podría ser la primera vez que decido dejar de brindarme activamente a un hombre y a una situación en la cual el sentimiento de afecto no es mutuo. (Norwood, 1988: 26)

La obstinación, opina Norwood "siempre es característica de la adicción a las relaciones y constituye un enorme impedimento para lograr la recuperación" (Norwood, 1988: 38). En nuestra cultura, la contumacia es entendida a menudo como tenacidad, como fortaleza y decisión; la reticencia a renunciar a la ilusión de control conduce a prolongar situaciones de ansiedad. La obcecación puede traducirse en la necesidad de la sustitución:

(33)Si mi esposo no me quiere, habrá otro hombre que sí. No soy tonta, no soy fea y tengo algo que ofrecer. (Norwood, 1988: 58)

(34)Finalmente, tomé la única salida que conocía. Inicié una aventura con un hombre casado y totalmente inaccesible. (Norwood, 1988: 185)

Psicológicamente, cuando el ser humano se siente traumatizado surge la necesidad de recrear de alguna manera la situación con el fin de imponerse a ella y vencerla. Tal vez aquí se halle la explicación, o cuanto menos una de ellas, del empeño en sustituir una relación por otra. Relacionarse de manera compulsiva no es más que el intento de controlar en el presente lo que no se pudo controlar en el pasado.

7. La inseguridad y el odio

Otra característica de la adicción a las relaciones es la necesidad de aprobación del otro, síntoma evidente de una autoestima baja y de una gran inseguridad:

(35)Poco a poco disminuye mi necesidad de tener la aprobación de todo el mundo, y me estoy fijando objetivos realistas y límites afectuosos. Ya no necesito salvar a cada persona herida que conozco. Empiezo a sentirme bien al ocuparme primero de mí. (Norwood, 1988: 32)

(36)En mi vida, he tratado de ganar la aceptación y la aprobación de por lo menos tres hombres. (Norwood, 1988: 80)

Cuando los acontecimientos no se desarrollan tal y como la persona dependiente había programado, surge la desesperación por la impotencia y el odio. Como afirma Norwood, "Es una intensa lucha por el dominio, el control y, desde luego, en última instancia por la victoria" (Norwood, 1988: 81). Se lucha para intentar cambiar al otro y que satisfaga así las propias necesidades.

Se inicia entonces el proceso de los interminables sermones, las súplicas, las amenazas implícitas y explícitas – y nunca cumplidas -, los sobornos, etc. Intentos todos ellos fallidos para controlar la situación, porque nadie cambia nunca auténticamente bajo presión. Sólo se cambia a través de un dolor insoportable.

(37)Tuvimos un disgusto terrible, le recordé todo lo que he hecho por él y le dije que no iba a ayudarlo nunca más, que me había destrozado y arruinado estos años para nada.

Aunque sé que es en balde porque no va a cambiar nunca.

La victoria nunca llega, puesto que ese cerco que realiza la persona dependiente tiene como consecuencia despertar las defensas del otro, y es un callejón sin salida: cuanto más necesita la persona dependiente la aprobación del otro, más dependiente se hace. Una consecuencia de esta dependencia es el fomento del odio cuando no se consiguen los fines perseguidos, y la ira que lo fomenta ata todavía más. La liberación sólo se consigue con la aceptación de la situación no deseada.

8.El cambio

Recuperarse no significa ganar: significa no jugar.
                                    Robin Norwood

El cambio auténtico sólo se inicia cuando se adquiere "la voluntad de canalizar la energía y el esfuerzo que antes invertíamos en practicar nuestra(s) enfermedad(es) hacia nuestra recuperación" (Norwood, 1988: 25). Es decir que cuando la misma intensidad que se demuestra queriendo cambiar a la otra persona se encauza hacia el cambio personal se puede empezar la recuperación. Cuando se cree tener la solución a los problemas de los demás y se intenta que acepten íntegramente esa panacea, se producen barreras infranqueables para el entendimiento.

La primera tarea, indispensable, es dejar de considerarse víctima de una relación inadecuada y asumir que se ha participado activamente en las tensiones.

La segunda tarea, la más difícil, es no decir ni hacer nada. Esa interrupción, incluso del comportamiento verbal, podrá empezar a evitar la manipulación de las situaciones propia de las personas obsesionadas con las relaciones, y ayudará a comprender que la lucha de los demás no es la propia lucha. El comportamiento más adecuado para iniciar el proceso de recuperación es la serenidad frente a la hiperactividad emocional.

Aplicando las enseñanzas de la psicología cognitiva sobre la percepción del mundo, el problema que se plantea en la dependencia emocional no es que la persona amada tenga un problema sino la propia percepción de esa situación, las emociones y los sentimientos que se producen en el ser humano afectado por las relaciones al percibir y observar ese problema.

En el proceso, la persona adicta debe aprender a valorarse, a reconstruir su autoestima, a reestructurarla, a manejar su situación individual y a desligarse y darle espacio a la relación. Nadie puede ser absolutamente responsable de la felicidad del otro.

Tienen que aprender a ponerse en contacto con sus verdaderos sentimientos, a hacerse responsables de dichos sentimientos y de sus vidas, a dejar de controlar a los demás, a dejar de ser su sombra, a aprender que la libertad no es egoísmo, que no es egoísmo tener en cuenta las propias necesidades. Tienen que dejar de anhelar la fuente de su autoestima en los otros, de buscar la aprobación constante de los demás. Ya no será preciso sentirse necesitada para sentirse valiosa porque cuando los demás están orgullosos de ellos, se sienten felices y su autoestima aumenta, pero cuando los demás los desprecian se sienten desgraciados y su autoestima disminuye. De ese modo permiten que los utilice y harán lo que no desean por miedo a decir que no. Se aprecia que el proceso de recuperación se ha iniciado cuando ya no se adecua la propia manera de expresarse y de comportarse a la reacción del otro.

El problema de amar demasiado tal vez en el fondo se halle en el error de considerar que una relación puede proporcionar sentido a la propia vida, seguridad ante el miedo al aislamiento y al abandono. En una sociedad cada vez más competitiva, en un tipo de vida en el que la prisa es el motor, es fácil considerar que si se encuentra a la persona ideal, se puede estar a salvo de los peligros, de las insatisfacciones, pequeñas y grandes, de cada día. Como si esa persona pudiera dar respuesta a las carencias acumuladas a lo largo de toda una vida.

Falsas expectativas; el miedo al futuro, la necesidad de encontrar un significado a la propia vida y de aceptar conformadamente las pérdidas inevitables pertenece al ámbito de la búsqueda espiritual y no de la búsqueda relacional.

BIBLIOGRAFÍA

BECK. A. T. (1976) *Cognitive therapy and the emotional disorders.* New York: International Universities Press.

(1979) BECK. A. T.- RUSH. A. J.- SHAW B.F.- EMERY G. *Cognitive therapy of depression.* New York: Guilford Press.

ELLIS. A. (1958) "Rational psychotherapy". *Journal of General Psychology*, 59, 35-49.

ELLIS. A.- GRIEGER. R. (1981) *Handbook of rational-emotive therapy.* New York: Springer Company.

NORWOOD, R. (2000 [1985]) *Las mujeres que aman demasiado.* Barcelona: Punto de lectura.

(1988) *Cartas de las mujeres que aman demasiado.* Buenos Aires: Vergara.

(2004) *Meditaciones para mujeres que aman demasiado.* Barcelona: Vergara.

CERCANDO EMMA: DACIA MARAINI Y EL BOVARISMO

Emma la ritroviamo [...] perfettamente disegnata
[...]
nell'attaccamento morboso all'essere amato.
(Maraini, 2005: 18)
A Emma la encontramos [...] perfectamente
diseñada [...]
en la fijación morbosa al ser amado.

1.Dacia Maraini

La obra de Dacia Maraini (1936), novelista, poeta, dramaturga, ensayista y guionista cinematográfica italiana, de estilo realista y claro perteneciente a la llamada *Generación de los años treinta*, se caracteriza sobre todo por su indagación en las

44

condiciones históricas y sociales de la vida de las mujeres, investigación que se inserta en temas de interés social como la infancia y la marginación, todo ello desde una perspectiva histórica ampliamente documentada. Así define ella misma el valor de la escritura:

Siempre he peleado. Mi escritura viene de una indignación clara contra las injusticias. No solo hacia las mujeres, también hacia la situación de las cárceles, de los manicomios, de los sin techo... No se trata de un proyecto político, pero creo que un escritor debe dedicarse a escribir sobre el mal, no a hacer una exaltación del bien. No hay necesidad. Tiene que hablar de los problemas de su país, de las cosas que le ofenden, que le disgustan. Mi escritura viene de ahí, de las ganas de cambiar esa realidad y de la indignación frente a la injusticia.[9]

9

http://cultura.elpais.com/cultura/2013/07/03/actualidad/137
2859224_269445.html
(Consultado 13/04/2015)

Y, puesto que de dependencia emocional vamos a tratar, Maraini comenta que de lo que se trata es de solucionar lo más efectivamente posible los problemas de las mujeres:

El Feminismo de los años sesenta ha muerto como ideología. Entonces, las jóvenes reclamaban la palabra. Hoy cuenta más la praxis que la utopía: por ejemplo, el voluntariado que ayuda a las mujeres maltratadas. No existe un movimiento de masas consolidado y cuando se produce, es pura improvisación. Vivimos en una sociedad muy fragmentada.[10]

2. Cercando Emma

Madame Bovary ha sido vista como un personaje que encarna la rebelión de una mujer frente a las opresiones sofocantes de la familia, en un ambiente provinciano vulgarmente mezquino, pero no es tratada con cariño por su creador. Dacia Maraini

---

[10] http://www.abc.es/cultura/20140502/abci-dacia-maraini-entrevista-201404302021.html
(Consultado 13/04/2015)

recorre la obra y la desmenuza en un afán por comprender el comportamiento de la protagonista, disculpar sus errores que la conducen al abismo y reivindicar en cierta medida su valentía.

3. La vida de Emma Bovary

Emma, educada en colegio de monjas y asidua a la lectura de novelas románticas había soñado con casarse a medianoche a la luz de las velas[11] y cuando su padre accede a que se case con Charles, ella sueña con una teatralización del evento, creyéndose incluyo enamorada del médico. Pero tendrá que conformarse con una comida de cuarenta y tres invitados en la que ya se muestra fría e indiferente. La vida conyugal se llenará de pequeños acontecimientos aburridos que le producen cada vez más tedio y pensamientos de infelicidad: "Las palabras 'felicidad', 'amor', embriaguez' por las que había suspirado y que le habían parecido tan bellas en las novelas sentimentales, ahora le parecían

---

[11] "Emma eût désiré [...] se marier à minuit, aux flambeaux; mais le père Rouault ne comprit rien à cette idée." (Flaubert, 1953 : 27).

47

engañosas y sin sentido"[12]. Lo grotesco de la situación es que Charles la cree feliz y esa seguridad suscita en ella un rencor hacia él. Incluso el acto sexual se convierte en algo regular y predecible, como una costumbre más en sus vidas. Y todo sigue igual hasta que se produce un acontecimiento inesperado: la invitación del marqués de Andervilliers. Emma admira extasiada la mansión y a sus invitados, que tienen el colorido de la riqueza. Allí es feliz por una noche, da muestras de desprecio por su marido y, de regreso a casa, recae en el tedio. Para consolarse compra un mapa de París y se va imaginando paseos por la ciudad, al tiempo que se abona a revistas femeninas. De ese modo puede seguir, aunque de lejos, las veladas de ópera, la apertura de nuevas tiendas, las reuniones mundanas o los espectáculos teatrales. Tan absorta se halla por ese mundo lejano que se lo lleva a la mesa y lo instala entre ella y su marido, que le habla sin recibir respuesta alguna. Los ojos de su pensamiento están inmersos en la felicidad de pasiones imaginadas.

---

[12] Maraini, 2005: 34. La traducción es nuestra

Espera en vano que algo ocurra que la distraiga de la monotonía insoportable de su matrimonio. Incluso deja de leer, se deja llevar y descuida hasta su aseo personal, signo inequívoco de la depresión en la que entra. Siente que la vida es injusta con ella porque le ha dado la capacidad de apreciar la belleza pero no de alcanzarla, y se torna envidiosa, y su irascibilidad se revuelve contra ella misma: se autoagrede bebiendo vinagre para adelgazar todavía más. Finalmente Charles cree conveniente trasladarse aunque con ello pierda a sus pacientes. Su amor por Emma es grande y no duda en empezar una nueva vida en otra ciudad. Pero las dificultades económicas aumentarán su desesperación por la mediocridad del ambiente y, cuanto más se esfuerza su marido por complacerla más ansias tiene de engañarlo. Un vecino en su nuevo lugar de residencia coincidirá con ella en los gustos literarios, pero el joven decide seguir con sus estudios y se rompe la relación. Ella retorna al aburrimiento y al desinterés por su familia hasta que empieza a coquetear con otro hombre. Emma se siente realmente satisfecha al contemplarse en el espejo y decirse al fin: "Tengo un amante, tengo un amante", porque con ese paso ha entrado en el mundo tan soñado, el de la pasión, del éxtasis y todo lo que la rodea se diluye. Como dice Maraini (2005: 79), en su cabeza se agolpan las figuras retóricas del amor novelesco, se ha convertido en una de las protagonistas que tanto había envidiado. Los días que pasa en casa tras la decisión de fugarse con su amante los dedica al cuidado de su cuerpo, y desatiende su casa y a su familia mientras sigue endeudándose con regalos para su amante con una inconsciencia y un alejamiento de su auténtica realidad que la preparan para la gran catástrofe, el abandono de su amante. Con el afán por distraerla, su marido la lleva a la ópera, donde se encuentra con su primer amante, pero nada sucede como sueña y decide acabar con su vida.

4.La lectura de Emma Bovary por Dacia Maraini

A Dacia Maraini, cuando leyó en la adolescencia Madame Bovary, le quedó un malestar más penetrante que el provocado por la crudeza de la obra; a Maraini le impactó el tratamiento literario del personaje. En el recuerdo de su primera lectura de Madame Bovary, a los dieciséis años, conserva un sentimiento de confusión y malestar (Maraini, 2005: 7), no provocado porque el tema fuera escabroso, ni siquiera por el terrible final sino por cómo el escritor muestra a su personaje. Emma es una figura trágica inmersa en un matrimonio sofocante, pero Maraini considera que Flaubert es implacable en su descripción, siendo que el personaje puede considerarse como una mujer vanguardista, defensora de la libertad femenina, así lo vio Maraini en su juventud: una mujer apasionadamente valiente y así lo sigue viendo cuando decide escribir sobre ella. Un hombre es libre, dice Emma, puede viajar, superar los obstáculos, pero una mujer siempre encuentra impedimentos[13].

Estudiando su ensayo me di cuenta de que a mí me había ocurrido algo semejante. Leí la obra antes de mi adolescencia, en una edición del 53, un libro de

---

[13] Maraini, 2005: 42-43

páginas amarillentas que había que cortar a medida que se iba leyendo. La primera parte de la obra me dejó indiferente - la niñez es muy ignorante –, después, creía comprender a la protagonista, la novela me enganchó y, en la última parte, me indigné: a pesar de que me daba cuenta de que la protagonista se labraba su propio descalabro, no veía justificada tanta saña contra ella por parte del escritor.

Maraini dice que el autor no encuentra ni una sola cualidad en Emma. Cierto, sólo son descritos sus agraciados atributos físicos. Es adúltera, mentirosa, ladrona, mala madre, pero es única en su búsqueda del placer, quiere gozar a toda costa y no se resigna al mediocre bienestar provinciano. Necesita rodearse de elementos superfluos en un intento de materializar su anhelo de una belleza aristocrática y teatral. No tiene intención de sofocar sus sentidos sino de colmarlos: transgrede tras el *carpe diem.*

Maraini aprecia la inconformidad de la protagonista, su rebeldía, exenta del semblante épico de otras heroínas novelescas. Emma es individualmente rebelde, egoísta, sin ideología alguna, y violenta los códigos morales de su medio porque su fantasía desbordante no se ajusta a las estrecheces de miras del provincialismo que le ha tocado en suerte. Por ello es derrotada en un combate de folletín, empeñada en comportamientos que la desfavorecen. Desde el inicio sabremos que Emma no se complace en el campo, su padre mismo lo dice. Había sido educada de manera refinada: danza, pintura, geografía, algo de piano y, sobre todo, ha dedicado tiempo a la lectura, algo que la marcará profundamente. Emma quiere ser como un personaje novelesco. Lee libros de amor que le prestan sus amigas, en los que se habla de amantes lejanos, soñadores, de corazón tierno, donde se describen los besos y las lágrimas, los juramentos a la luz de la luna, donde se mencionan señores valientes y virtuosos. Maraini dice que Flaubert se recrea en hacernos saber sus gustos literarios para que comprendamos hasta qué punto le influyen: Emma perseguía, ya de adolescente, lo peor de la literatura de la época y se intoxicaba con ella[14]. Y las ilustres protagonistas de las novelas se elevan como cometas en la inmensidad tenebrosa de las historias. Emma adora todo lo que hoy sería considerado kitsch[15], y Maraini nos hacer ver cómo Flaubert se obstina en dejar bien patente los gustos de Emma que él desprecia. No duda en considerarla una muchacha corrompida por sus aficiones literarias, incapaz de distinguir entre los auténticos sentimientos y los fríamente recitados, entre proyecciones de personajes literarios y seres humanos auténticos, cuyo único placer consiste en probar la embriaguez momentánea de poner en escena la vida, sobre todo cuando esa puesta en escena es de mal gusto[16]. Flaubert no desaprovecha ninguna ocasión para mostrarnos la peor parte de Emma: si bien pone en evidencia su gracia y su belleza en el baile del castillo, no deja por ello de ponernos en guardia, dice Maraini, contra su egoísmo e insensibilidad, incluso su agresividad, por ejemplo, cuando Charles desea bailar con ella en la fiesta, ella lo fulmina con

---

[14] Maraini, 1996: 27. La traducción es nuestra.
[15] Maraini, 2005: 28.
[16] Maraini, 2005: 31.

una mirada de feroz reprobación y el pobre médico regresa cabizbajo no osando contradecirla[17]. De regreso a casa, Flaubert no dudará en expresar que el corazón de Emma se había quedado adherido a la riqueza como la cera del parquet del palacio a su calzado, y nos dice abiertamente que Emma confunde en sus deseos la sensualidad del lujo con las alegrías del corazón. ¿Cómo expresar más explícitamente – dice Maraini – la angustia de un corazón incapaz de amor, empapado de tedio? [18]. Lo que es relevante es que ese mismo tedio es el que Flaubert expresa sobre su propia vida en sus cartas: me aburro de la vida, de mí mismo, de los demás, de todo; a fuerza de voluntad he terminado por coger la costumbre del trabajo. Pero cuando lo he terminado, todo el aburrimiento retorna[19]. O bien cuando escribe a Louise Colet[20]: tú no experimentas esa

---

[17] Maraini, 2005 : 35.
[18] Maraini, 2005 : 37.
[19] Maraini, 2005 : 37. Carta de Flaubert del 2 de diciembre de 1846.
[20] Louise Colet, seudónimo de Louise Révoil (1810-1876), poetisa francesa que tuvo una tormentosa relación con Gustave Flaubert.

nausea del tedio que te hace desear la muerte; no llevas dentro de ti el tedio de la vida[21].

Flaubert nos muestra a una Emma desesperada por el tedio, sumida en la depresión, con unas horribles medias grises de algodón, caprichosa, impredecible. Su palidez inquieta a su marido pero Flaubert describe a una mujer irascible ante tal inquietud. Cuando se inicia el tema central de la obra, el adulterio, conocemos el desagrado de Flaubert por la demonización católica y burguesa del adulterio femenino, pero nos muestra abiertamente la insoportable retórica de los amantes en su deseo sexual y la generosidad de un marido engañado, simplón. Pero aunque al inicio Flaubert pueda mostrar cierta solidaridad con la protagonista, condena no el clásico adulterio de la carne sino el de la ausencia de auténtica fantasía y de la hipocresía, y nos describe a una mujer incapaz de contentarse con lo que tiene, el amor de su marido y de su hija, y que desea siempre algo inalcanzable y ficticio. Ahí se halla la paradoja de la escritura de Flaubert. Emma

---

[21] Maraini, 2005 : 37. Carta de Flaubert del 2 de diciembre de 1846.

se ha nutrido, según lo que entiende Maraini de las palabras de Flaubert, de libros mediocres, por lo que su descontento no es auténticamente trágico sino grotesco y no invita a compadecerla. Nos la muestra egoísta con su niña, dejándola sin ningún sentimiento de pena con tal de pasar unas horas con su amante. Ella no ama realmente a su hija y desprecia a su marido, desprecio que evidencia en toda su crudeza a lo largo de la obra. Flaubert se encarga de dejar constancia del comportamiento repugnante con su hija y su marido en escenas como la del empujón que le da a la niña cuando esta se acerca a abrazarla, y el tono frío y controlado que utiliza para mentir a su marido respecto a la herida que le ha causado el empujón. Pero posteriormente, Flaubert todavía enfatiza más su crueldad cuando nos relata los pensamientos de Emma sobre la estupidez que significa preocuparse por algo tan insignificante como una herida de la niña y sobre la fealdad de la chiquilla. Abundan los ejemplos con los que descalifica el comportamiento de la protagonista, como el hecho de gastarse el dinero comprando limones para pulirse las uñas cuando falta lo esencial en casa. En cambio, por muy vulgar que nos describa a Charles siempre encontramos detalles que nos aseguran la sinceridad de sus sentimientos frente a la vileza de Emma y su deseo de venganza. Por otra parte, Flaubert ridiculiza su afán melodramático y Maraini expresa ese tratamiento del personaje de una manera certera, refiriéndose a la actitud desenfadada del amante que Emma no acoge con agrado, ya que más que una ofensa al marido parece una ofensa a los clichés literarios del adulterio (Maraini, 2005: 81). La visión flaubertiana de Emma no es la desaprobación del adulterio en sí mismo sino la vulgaridad de su comportamiento, buscando de manera egoísta un placer mitómano edulcorado con sentimentalismos de ínfimo orden (Maraini, 2005: 131).

Poco a poco, Flaubert nos prepara para la debacle de la protagonista, con palabras de Maraini para la teatralización grotesca de su sufrimiento final (Maraini, 2005: 98). Porque el autor no tiene piedad por las extremas debilidades de la protagonista, ya que nos describe su caída en el abismo como la actuación de una mala actriz. Ya nos había demostrado que, en realidad, ni siquiera se complace con la música sino con su aspecto más externo: en la ópera no se emociona por la belleza de la obra sino por la del tenor. Y Flaubert habla abiertamente de depravación sin entender, reivindica Maraini, que Emma persigue un sueño de libertad por medio de la desobediencia sexual y, por ello, lleva el germen de la rebelión, "el personaje de Emma, durante toda la narración, intenta oscuramente hacer valer sus razones que el autor Flaubert condena sistemáticamente"[22] (Maraini, 2005: 121).

5.Emma: el amor compulsivo

El presente trabajo no tiene como objetivo analizar los valores del personaje literario como símbolo de la libertad amorosa; al hilo de *Cercando Emma* intenta poner en evidencia la tortura de la dependencia emocional en una vida en la que el vínculo amoroso lo es todo. Emma Bovary es adicta

---

[22] La traducción es nuestra.

a las relaciones, por encima de todo desea ser amada según unos patrones que se ha confeccionado con sus aficiones literarias, y está dispuesta a hacer cualquier cosa para conseguirlo. El amor de "andar por casa" no puede satisfacerla, es demasiado fácil, persigue un amor de novela, y no tiene nunca suficiente, pide más amor y más dedicación, trata de controlar esa dedicación y de convertir al amante en el amor perfecto que satisfaga todas sus necesidades y llene el pozo sin fondo de su amor insaciable.

Su primera huida del ambiente que la ahoga es sobre el papel: compra un plano de París y se inventa paseos por la capital; su entorno más próximo lo aleja, por fútil e irrelevante, lo más lejano lo acerca, en un intento desesperado por adueñarse de la apasionada felicidad adornada con el fulgor de lo inalcanzable. Maraini retoma las palabras de Flaubert y pone de manifiesto la confusión de Bovary: sensualidad del lujo y exaltación de los sentimientos y anhelo erótico.

Los rasgos de carácter de Emma son los propios de la amante compulsiva: perfeccionismo, baja tolerancia a la frustración, humor cambiante provocado por el grado de dominio o no de la situación, expectativas poco realistas de las relaciones, inestabilidad emocional, fuerte temperamento y tendencia a la autodestrucción.

6.La compulsión amorosa

R.Norwood, en su obra *Mujeres que aman demasiado* (1988: 21), explica cómo la gran atracción que se siente por la inadecuación o la dependencia conduce a idealizar la adicción, llegando a sabotear el desarrollo de autorrespeto. Emma, sin comprender al hombre que ama, pretende reconquistarlo con sentimentalismos, y Maraini afirma que el mecanismo de la pérdida de la autoestima está muy bien plasmado en la novela: primero la exaltación, después la humillación, el rencor y la frialdad del placer reducido a puro egoísmo sexual (Maraini 2005: 83).

Los intercambios verbales se convierten en reiterativos actos de habla de demanda amorosa; la persona dependiente conduce el diálogo hacia respuestas determinadas de antemano, que nunca satisfacen la exigencia y producen desestabilización personal: una absoluta dependencia de la respuesta "adecuada" del otro. Emma necesita que su amante le diga que la ama, y por ello se lo pregunta una y otra vez, y se rebaja adulándolo y declarándose su sierva.

El motor de esta obsesión por la relación no es el amor, como puede parecer en un primer acercamiento al problema, sino el miedo. Se da un amor excesivo, agobiante, por miedo a ser ignorada o abandonada. La obsesión va a traducirse comportamentalmente en un intento de salvar una situación en progresivo deterioro. Emma, adicta amorosa, utiliza a sus amantes como una droga, con el resultado de una gran ansiedad y mucho dolor.

Sus relaciones están más cerca del sueño que de la realidad de la situación concreta, y para ello dedica sus energías al cambio de la situación mediante manipulaciones desesperadas.

Emma, amante obsesiva, es insegura y tiene baja autoestima. Psicológicamente, cuando el ser humano se siente traumatizado, surge la necesidad de recrear, de alguna manera, la situación con el fin de imponerse a ella y vencerla, por ello, la protagonista parece no distinguir entre sentimientos sinceros y teatralizados. Tal vez aquí se halle la explicación, o por lo menos una de ellas, del empeño en sustituir una relación por otra. Relacionarse de manera compulsiva no es más que el intento de controlar en el presente lo que no se pudo controlar en el pasado. Una consecuencia de esta dependencia es el fomento del odio cuando no se consiguen los fines perseguidos, y la ira que lo fomenta ata todavía más.

7.El recorrido obsesivo de Emma

Las obsesiones de Emma se nos presentan como testimonio casi fotográfico de la conducta humana; el conductismo literario no penetra en el interior del personaje, limitándose a registrar las actividades que denuncian ciertos estados de ánimo. El personaje reacciona por estímulos y se describe por medio de sus conductas.

Como explica Maraini, mientras Charles trabaja, Emma rumia su infelicidad y se pregunta de qué le ha servido casarse. Ella no busca la seguridad de un amor común, y darse cuenta de que su marido la supone feliz le produce un rencor sordo que le impide la calma interior. Emma no se basta a sí misma porque lo que ansía está en el exterior.

Es interesante resaltar que las obsesiones de Emma Bovary no se limitan a los vínculos amorosos, su relación con la comida es igualmente maniática: un día bebe solamente leche, otro té. Y continuamente, en sus depresiones, se torna anoréxica, bebe vinagre para adelgazar y deja de comer.

Su obsesión, dice Maraini, la conduce a ser envidiosa de las vidas de lujo, y a una búsqueda muy particular de la belleza, la que procede de lo ficticio, fruto de la mediocre literatura con la que se nutre su imaginación y que comparte con su amante Léon. Esa ficción no alcanzada la desestabiliza y sus anhelos son más grotescos que trágicos. Baste recordar cuando, en plena depresión, su marido la lleva a la ópera en Rouen y queda presa del encanto del tenor, soñando con ser raptada por él en una noche de tormenta.

Hay un aspecto que Maraini analiza en varias ocasiones y que considera doloroso: el abandono de la pequeña hija, en manos ajenas, mal atendida, sola, incluso maltratada. Maraini nos permite comprender que la descripción que Flaubert hace de esas escenas nos conduce tanto a sentir lástima por la pequeña como a aborrecer el comportamiento de la madre. Emma Bovary miente sin recato cuando, habiendo empujado a su hija, ésta se golpea y la madre alega que la niña se ha lastimado sola, con el tono frío y controlado de una persona sin sensibilidad moral alguna. Maraini tampoco pasa por alto que Emma considera que la niña es fea.

Otra obsesión que la llevará a la hecatombe es la compra compulsiva: desde los limones para la manicura – cuando en casa falta el dinero para lo más esencial – hasta los muebles, objetos decorativos y demás gastos inútiles para su tren de vida.

Maraini dedica una parte de su análisis a la obsesión de Emma Bovary por las palabras, como veremos más adelante. Emma se inventa un universo hecho de hipérboles sentimentales (Maraini 2005: 103). Necesita creer que cada uno de sus movimientos es una acción precisa, predecible y grandiosa de una espectacular tragedia que declama en el escenario de la vida (Maraini 2005: 105).

Rodolphe recurre a la seducción verbal por medio de clichés que para Emma, alimentada por tantos años de discursos amorosos literarios, suenan auténticos. Nos dice Maraini que es como si cayera dentro de una de sus novelas de amor. En la mente de Emma se agolpan las figuras retóricas del amor literario (Maraini 2005: 79). Emma Bovary necesita el trasfondo novelístico, sin él el adulterio no tiene sentido, de hecho, cuando Rodolphe hace alusiones vulgares al marido que, a pocos metros, no se entera de nada, Flaubert nos explica que Emma habría deseado que su amante se mostrase más dramático (como comentamos en el presente trabajo no se siente tan ofendida por su marido como porque para ella se está burlando de los clichés literarios que ella tanto admira) (Maraini 2005: 81).

8. El desequilibrio nervioso de Emma: hacia el trastorno bipolar

Tras el descubrimiento de Emma de la sociedad aristocrática, Maraini nos muestra el paulatino proceso de desequilibrio de la protagonista: se torna caprichosa, irritable, imprevisible, envidiosa y su organismo sufre las consecuencias, se debilita y sus bronquios se resienten.

El trastorno bipolar, la antigua psicosis maníaco-depresiva, es una alteración del estado del ánimo con períodos de depresión repetitivos (fases depresivas) alternados con temporadas de gran euforia (fases maníacas). Su causa es un desequilibrio químico en un tipo de biomoléculas del cerebro, los neurotransmisores. Se oscila entre la alegría y la tristeza, de manera muy marcada, sufriendo episodios depresivos o eufóricos. Estos patrones de cambios de ánimo son asociados con ansiedad y alto riesgo de suicidio, y vienen marcados por labilidad emocional y reactividad del estado de ánimo conocido como *desregulación emocional*, debido a una respuesta a estresantes psicosociales externos e intrapsíquicos. La inestabilidad es pues la naturaleza fundamental de este trastorno. La característica principal es que es cíclica (bipolar). Las personas afectadas viven en los dos extremos opuestos de la vida; cuando están deprimidas, pierden el interés por la vida, llegando a pensar en el suicidio para dejar de sufrir. Cuando están alegres, se llenan de euforia y lo ven todo de manera optimista, sintiéndose capaces de hacer cualquier cosa. En algunos casos, la euforia es tal que pueden llegar a cometer acciones que en un estado de conciencia normal no harían, como gastar dinero hasta la ruina económica propia y familiar. Según los estudios, los síntomas de la manía (periodos altos) pueden ser: incremento de la energía, entusiasmo exacerbado, autoconfianza, irritabilidad y comportamiento agresivo, delirios de grandeza, impulsividad y comportamiento imprudente. Los síntomas de la depresión (periodos bajos) son: tristeza prolongada, ataques de llanto, cambios en los hábitos alimentarios, enojo, preocupación, ansiedad, pesimismo, indiferencia, letargo, baja autoestima, culpabilidad, aislamiento, incapacidad de disfrute, dolores físicos y obsesión. Fácilmente se reconoce a la protagonista en estos comportamientos y estados de ánimo.

9. El adulterio como huida

Maraini, en su análisis, se plantea cómo ve su creador la actitud de huida hacia el adulterio, la cuestión no es sencilla. Por una parte, es sabido que a Flaubert le desagrada la demonización católica y burguesa del adulterio femenino. Sin embargo, por la otra, utiliza palabras muy duras en numerosas ocasiones contra la obsesión de Bovary por las relaciones extramatrimoniales como escape a su vida en la que no tiene cabida la belleza como ella la entiende. Así pues, Maraini llega a la conclusión de que Flaubert justifica el adulterio condenando a la adúltera: comprende las razones de una existencia anodina condenando, incluso con crueldad, a quien se disipa en sueños inalcanzables y destruye su vida y la de los suyos por ellos. Uno de los razonamientos más inteligentes de Maraini es que la Iglesia Católica actúa exactamente de forma contraria: condena el pecado pero puede ser indulgente con el pecador, se muestra severa contra la trasgresión del principio y perdona al trasgresor.

10. Los clichés lingüísticos: reflejo de los clichés emocionales

Maraini alude en varias ocasiones a la selección lingüística que Flaubert confecciona para sus personajes. En efecto, Rodolphe utiliza el lenguaje que mejor puede impresionar a su amante: palabras, expresiones, símiles tomados de la literatura de segundo orden, grotescamente falsos para el lector mínimamente formado, pero no para Emma, que los saborea, reconociendo en ellos a sus personajes novelescos que han plagado sus ensoñaciones desde la adolescencia. Cuando se hacen amantes, Emma se repite las figuras retóricas del amor novelesco; por fin podría hacer realidad sus sueños: considerarse una de las enamoradas novelescas, tan envidiadas. Emma se regodea en sus propias palabras, cargadas de banalidades, y espera, en justa compensación, el mismo uso lingüístico por parte de su enamorado, pero Rodolphe no siempre cumple sus expectativas y ofende, como dice Maraini, los clichés literarios del adulterio que Emma espera a cada momento. Emma interroga constantemente a su amante sobre la profundidad de su amor, con una monotonía que raya en el aburrimiento utilizando estereotipos como "eres mi ídolo", "eres mi rey", "soy tu esclava", "eres inteligente, fuerte", etc.

Sin embargo, el escritor, en algún momento parece reprochar al amante no saber distinguir la sinceridad de los sentimientos de Emma bajo sus palabras estereotipadas, y habla de "candor" y "plenitud de alma", uno de los pocos momentos de indulgencia para ella. Consciente de las insuficiencias del lenguaje, de la inadecuación entre palabras y sentimientos, Flaubert nos deja esta máxima: "Personne, jamais, ne peut donner l'exacte mesure de ses besoins, ni de ses conceptions, ni de ses douleurs"[23] (Flaubert 1953: 211). Tal vez, la ineptitud de la palabra para expresar los auténticos sentimientos

---

[23] Nadie puede jamás dar la medida exacta de sus necesidades ni de sus opiniones ni de sus dolores. (La traducción es nuestra).

pueda explicar el error de Rodolphe: de la falta de autenticidad del lenguaje de Emma deduce la falsedad de su pasión, sin comprender que un sentimiento auténtico puede encontrarse enmascarado por un lenguaje convencional. Maraini, que a lo largo de su análisis muestra una gran benevolencia y compasión por ella, es de esta opinión. Además, el diálogo amoroso revela el malentendido y la ausencia de comunicación entre los personajes: Emma se entrega, Rodolphe se mantiene a distancia y se niega a caer en el espejismo romántico.

11. La educación sentimental de Emma: el frustrado proceso de identificación novelesca

Maraini insiste en el efecto corruptor que la baja calidad de las lecturas ha ejercido sobre el personaje: tras varios intentos de encontrar equivalentes de las situaciones novelescas en un entorno que ella considera pueblerino, descubre en el castillo de Vaubyessard el universo con el que se identifican sus ensoñaciones, el de la riqueza aristocrática; su bagaje novelesco la conduce a idealizar la nobleza a través de su pasado histórico, lo que explica su fascinación en el baile del castillo. Lógicamente, tras este espejismo, su capacidad de soportar su auténtica vida se reduce a mínimos. Su insatisfacción por la vida en el campo es total, ¡cuánto le habría gustado vivir en la ciudad! El poder de la ilusión de sus lecturas es tal que termina por integrarse en ellas, viéndose a sí misma como un personaje novelesco e imitando en la vida real las actitudes que ha leído en sus novelas. Así es como se confecciona el retrato del marido soñado en términos de lo más convencional: el repertorio de adjetivos, tan vagos como su propio deseo, recuerda a los héroes de sus novelas de ínfima calidad literaria que tanto la fascinaban: este retrato del marido ideal prepara la entrada en escena de sus amantes: León y *Rodolphe.*

Emma, desesperada por no hallar lo que soñó, es presa de una especie de spleen, se siente vacía y ese vacío sólo podría calmarse con lo que a sus ojos merece la pena, el resplandor de una clase social a la que ella no pertenece. Maraini recalca cómo ya las novelas no la colman puesto que ha descubierto que lo que ella creía ficción existe en un mundo inalcanzable.

Sus lecturas novelescas elaboran su educación sentimental pero también su propio drama: al confundir la ficción con la realidad, al soñar su vida en vez de vivirla, se encuentra continuamente mistificada.

12. El tratamiento del personaje

Flaubert, por medio de un sutil juego de ironías, trata de impedir que el lector caiga en la misma trampa que la heroína, intentando que comprenda que el *bovarismo*[24] no puede conducir más que a la desgracia personal.

Maraini observa que, si bien al inicio el autor parece justificar los secretos deseos del personaje y su desconsuelo, se va mostrando ácido en el tratamiento del personaje: los comportamientos de Emma hablan

---

[24] *Bovarismo*, estado de insatisfacción crónica de una persona, producido por el contraste entre sus ilusiones y aspiraciones (a menudo desproporcionadas respecto a sus propias posibilidades) y la realidad, que suele frustrarlas. El término fue utilizado por primera vez por el filósofo francés Jules de Gaultier en su estudio *Le Bovarysme, la psychologie dans l'œuvre de Flaubert* (1892), en el que se refiere a la novela *Madame Bovary*, convertida en el prototipo de la insatisfacción conyugal

más que ella misma. Flaubert no condena el adulterio, observa Maraini, sino la ausencia de fantasía y la hipocresía de un comportamiento confeccionado con pequeños subterfugios y siniestras mentiras (Maraini 2005: 41). La manera de ponerlo en evidencia es mostrar el alimento literario de Emma: libros mediocres que nutren desilusiones; pretendiendo ser trágicas se quedan en grotescas. Este marcado gusto por la literatura amorosa, Flaubert lo retoma cuando se establece entre Emma y León una especie de comercio libresco. Curiosamente, esta literatura le abre el apetito. Emma aparca por un tiempo su anorexia nerviosa. Ya su suegra había hecho objeciones sobre su afición literaria: demasiadas novelas de amor que dañan el humor y entorpecen el sueño.

13. Consideraciones finales

Maraini ha buscado a Emma a lo largo de 180 páginas, en las que rastrea en la vida de Flaubert paralelismos y coincidencias con Madame Bovary. Esa parte de investigación literaria no es, sin embargo, la que más puede ayudar a adentrarse en el personaje sino sus comentarios más personales, su intento de comprender el comportamiento de una mujer desgraciada por ser dependiente. Emma Bovary no es sólo un personaje literario, en nuestro entorno abundan las mujeres emocionalmente dependientes. La citada obra de Norwood es un testimonio veraz y doliente de este tipo de seres, como Emma Bovary, debilitados por la fuerza de sus sentimientos. Puede ocurrir de manera puntual, con una sola persona, pero desgraciadamente no es así y la dependencia se repite en cada relación. A pesar de los sucesivos fracasos no cambia el patrón de conducta; es una droga, la persona dependiente necesita el chute que le proporciona la nueva exaltación, y caen de nuevo relaciones en las que el sufrimiento se produce por egoísmo, desconsideración e incluso maltrato. Pero la persona dependiente, aun reconociendo ese malestar y sufrimiento que le proporciona la relación, no puede dejar de estar enganchada, desea fervientemente que la otra persona la quiera y hará todo lo que esté en su mano y más para no ser abandonada: viven por y para la otra persona. Mientras que el sujeto dependiente no reconozca su baja autoestima e intente cambiar su comportamiento sumiso no podrá escapar del secuestro emocional porque, aunque se aparte, sufrirá síndrome de abstinencia, depresión, ansiedad, abandono de sus obligaciones y deterioro de su propio aspecto físico. La voracidad afectiva es insaciable, un deseo de acceso constante a la relación-droga, una relación idealizada, sobrevalorada, en la que se distorsionan las características de la otra persona y a la que la persona dependiente se somete por el pánico que le produce la pérdida o el rechazo.

Así pues, este apego afectivo enfermizo implica una vinculación desorbitada a la persona amada y se produce en personas adictas al amor. En nuestro caso, Emma ya es potencialmente adicta al amor desde su adolescencia por adicción al amor novelesco. Su autoestima no es lo suficientemente fuerte para subsistir con el amor comedido de su marido, necesita constantemente el refuerzo para poder ella misma considerar su propia valía, de ahí la retahíla de preguntas reiterativas a su amante (¿Me quieres?). El miedo de Emma no es, como suele ocurrir en las personas dependientes, a la soledad, puesto que tiene a su marido, sino a la pérdida del valor que le supone tener un amante. Al sufrir estados de ánimo disfóricos (sujetos a altibajos que desestabilizan en gran medida el comportamiento), caen en un inmenso vacío cuando les falta la persona amada. El lugar que en sus vidas conceden a la relación es central, anteponiéndola a cualquier otra relación, situación o circunstancia vital. El vacío que les produce la ausencia de la persona amada solo puede ser llenado con ella misma. El pensamiento solo se centra igualmente en esa persona, nada existe fuera de ella. Es exclusivista, solo vive para agradar a la persona amada.

Cuando han superado todas las fases:

-inicio de la relación con entusiasmo desmedido y creación de falsas expectativas sobre el éxito de la relación

-fase de sumisión a la pareja con la idealización de esta y el sometimiento como forma de preservarla y evitar la ruptura

-fase de deterioro de la relación produciéndose alguna

forma de maltrato con el consiguiente déficit de autoestima

-fase de ruptura, con el tormento sentimental que supone y la aparición del síndrome de abstinencia

se produce la fase de reinicio del ciclo.

Emma reinició el ciclo con su anterior amante, pero ya no fue capaz de emprender más relaciones, su capacidad de movimientos en la sociedad en la que vivía y su desgaste emocional se lo impidieron y optó por desaparecer.

BIBLIOGRAFÍA

FLAUBERT, G. (1953) *Madame Bovary*. Paris: Fasquelle.
MARAINI, D. (2000). *Amata scrittura*. Milano: Biblioteca Universale Rizzoli.
(2005) [1996]. *Cercando Emma*. Milano: Biblioteca Universale Rizzoli.
NORWOOD, R.(1988). *Cartas de las mujeres que aman demasiado*. Buenos Aires: Vergara.
(2000 [1985]) *Las mujeres que aman demasiado*. Barcelona: Punto de lectura.
Sobre Dacia Marini:
http://www.daciamaraini.com/biografia.shtml
(Consultado 13/04/2015)
Sobre trastorno bipolar:
http://www.bipolarweb.com/quees.htm (Consultado 13/04/2015)

Sobre la autora

A.Emma Sopeña Balordi ha sido profesora titular de filología francesa de la Universitat de València (España) hasta septiembre de 2014, para dedicarse a tiempo completo a la escritura poética, a la investigación en psicología del discurso y al canto coral en el Orfeó Universitari de la Universitat de València. Ha dirigido proyectos de investigación y publicado numerosos trabajos en revistas y libros nacionales e internacionales sobre lingüística contrastiva, análisis de traducción, discurso cómico, cortesía lingüística y psicología del discurso. En 2013 publicó *Lenguaje emocional y aspectos contrastivos. La indignación de un dios salvaje* y en

2015 *Mujeres rotas: el lenguaje de la dependencia emocional*; ambos libros en la Editorial Comares (España) y disponibles en Amazon.

El ensayo *Dos enfoques del discurso cómico: Mr.Bean, un tipo descortésmente cómico. La repetición de las expresiones extremistas* está igualmente disponible en Amazon.

Su trabajo poético, así como las publicaciones lingüísticas, se encuentran en la web **www.metaforas.com.es**. Dirige talleres de escritura poética desde 2000 y desde 2008 es la directora literaria de **www.metaforas.com.es/foro**.

El poemario de versos blancos *Esplendor* se encuentra también disponible en Amazon.